Karl Kraus – Rosa Luxemburg
Büffelhaut und Kreatur

Karl Kraus ǀ Rosa Luxemburg

Büffelhaut und Kreatur

Die Zerstörung der Natur
und
das Mitleiden des Satirikers

*Herausgegeben
mit einem Nachwort von
Friedrich Pfäfflin*

WALLSTEIN VERLAG

Auf dem Frontispiz: Rosa Luxemburg in Berlin[?]

»… ich lächle im Dunkeln dem Leben, wie wenn ich irgend ein
zauberndes Geheimnis wüßte …«

Rosa Luxemburg an Sophie Liebknecht

Inhalt

Am 28. Mai 1920 liest Karl Kraus einen Brief der Rosa Luxemburg aus dem Frauengefängnis in Breslau im Berliner Bechstein-Saal vor. Er wiederholt die Vorlesung wenig später in Dresden und Prag: Als er die Programme wie gewöhnlich in der nächsten ›Fackel‹ [546-550 vom Juli 1920, S. 5] dokumentiert, berichtet er von dem Eindruck, den dieses Dokument auf seine Zuhörer gemacht habe:

Karl Kraus über einen Brief von Rosa Luxemburg

Der tiefste, je in einem Saal bewirkte Eindruck war die Vorlesung des Briefes von *Rosa Luxemburg*, den ich am Pfingstsonntag in der Arbeiter-Zeitung gefunden und auf die Reise mitgenommen hatte. Er war im Deutschland der unabhängigen Sozialisten noch völlig unbekannt. Schmach und Schande jeder Republik, die dieses im deutschen Sprachbereich einzigartige Dokument von Menschlichkeit und Dichtung nicht allem Fibel- und Gelbkreuzchristentum zum Trotz zwischen Goethe und Claudius in ihre Schulbücher aufnimmt und nicht zum Grausen vor der Menschheit dieser Zeit der ihr entwachsenden Jugend mitteilt, daß der Leib, der solch eine hohe Seele umschlossen hat, von Gewehrkolben erschlagen wurde. Die ganze lebende Literatur Deutschlands bringt keine Träne wie die dieser jüdischen Revolutionärin hervor und keine Atempause wie die nach der Beschreibung der Büffelhaut: »und die ward zerrissen«. Beim Vorlesen habe ich durch Weglassung des hier eingeklammerten an sich nicht weniger reizvollen Absatzes literarischen Inhalts in dieser Welt der Liebe die Betrachtung der Pflanzen und Tiere einheitlicher als eine Umarmung der Natur hervortreten lassen und das Postskriptum (wie hier) ohne die Unterschrift unmittelbar an das Ende geschlossen.

Der Brief an die aus Rostow am Don stammende Kunsthistorikerin Sophie Liebknecht geb. Ryss (1884-1964), die zweite Frau Karl Liebknechts, wird hier in seiner ganzen Länge mitgeteilt; den Anfang und Schluss des Briefes konnte Karl Kraus bei seiner Lesung nicht kennen, denn er war nicht im Ganzen veröffentlicht worden. Seine Vorlesung setzt mit dem vierten Absatz ein, wo von Karl Liebknechts Haft die Rede ist.

Rosa Luxemburg an Sophie Liebknecht

[Breslau, vor dem 24. Dezember 1917]

Sonitschka, mein Vöglein, ich habe mich so über Ihren Brief gefreut, wollte gleich antworten, hatte aber gerade viel zu tun, wobei ich mich sehr konzentrieren mußte, deshalb durfte ich mir nicht den Luxus gestatten. Dann aber wollte ich schon lieber auf Gelegenheit warten, weil es doch so viel schöner ist, zwanglos ganz unter uns plaudern zu können.

Ich dachte an Sie jeden Tag beim Lesen der Nachrichten aus Rußland und stellte mir mit Sorge vor, wie Sie bei jedem unsinnigen Telegramm grundlos in Aufregung geraten. Was jetzt von drüben kommt, sind meist Tartarennachrichten, und das stimmt doppelt für den Süden. Den Telegrammagenturen liegt es (hüben wie drüben) daran, das Chaos möglichst zu übertreiben, und sie bauschen jedes unbeglaubigte Gerücht tendenziös auf. Bis die Dinge sich klären, hat es gar keinen Sinn und Grund, unruhig zu sein, so ins Blaue hinein, auf Vorschuß. Im allgemeinen scheinen die Dinge ganz unblutig zu verlaufen, jedenfalls sind all Gerüchte von »Schlachten« unbestätigt geblieben. Es ist einfach ein erbitterter Parteikampf, der ja in der Beleuchtung bürgerlicher Zeitungskorrespondenzen stets wie ein losgelassener Irrsinn und eine Hölle aussieht. Was nun die Judenpogrome betrifft, so sind alle dergleichen Gerüchte direkt *erlogen*. In Rußland ist die Zeit der Pogrome ein für allemal vorbei. Dazu ist die

Macht der Arbeiter und des Sozialismus dort viel zu stark. Die Revolution hat die Luft drüben so gereinigt von Miasmen und von der Stickluft der Reaktion, daß Kischiniow für immer passé ist. Eher kann ich mir – in Deutschland noch Judenpogrome vorstellen ... Jedenfalls herrscht die dazu passende Atmosphäre der Niedertracht, Feigheit, Reaktion und des Stumpfsinns. In dieser Hinsicht können Sie also für Südrußland völlig beruhigt sein. Da sich die Dinge dort zu einem sehr scharfen Konflikt zwischen der Petersburger Regierung und der Rada zugespitzt haben, so wird auch die Lösung und die Klärung sehr bald eintreten müssen, worauf man die Situation wird überblicken können. Von allen Standpunkten hat es absolut keinen Sinn, keinen Zweck, daß Sie sich aufs Ungewisse vor Angst und Unruhe verzehren. Halten Sie sich doch tapfer, mein kleines Mädchen, Kopf hoch und ruhig bleiben. Es wird sich noch alles zum Besseren wenden, nur nicht gleich immer das Schlimmste erwarten! ...

Ich hoffe fest darauf, Sie bald, im Januar, hier schon zu sehen. Nun heißt es, Mat. W. wolle im Januar kommen. Mir wäre es schwer, auf Ihren Besuch im Januar zu verzichten, aber ich kann natürlich nicht disponieren. Wenn Sie erklären, Sie können nicht anders als im Januar, dann bleibt es vielleicht dabei; vielleicht kann Mat. W. im Februar? Ich möchte jedenfalls bald wissen, wann ich Sie sehe.

Jetzt ist es ein Jahr, daß Karl in Luckau sitzt. Ich habe in diesem Monat oft daran gedacht und genau vor einem Jahre waren Sie bei mir in Wronke, haben mir den schönen Weihnachtsbaum beschert … Heuer habe ich mir hier einen besorgen lassen, aber man brachte mir einen ganz schäbigen mit fehlenden Ästen – kein Vergleich mit dem vorjährigen. Ich weiß nicht, wie ich darauf die acht Lichteln anbringe, die ich erstanden habe. Es ist mein drittes Weihnachten im Kittchen, aber nehmen Sie es ja nicht tragisch. Ich bin so ruhig und heiter wie immer. Gestern lag ich lange wach – ich kann jetzt nie vor ein Uhr einschlafen, muß aber schon um zehn ins Bett –, dann träume ich verschiedenes im Dunkeln. Gestern dachte ich also: Wie merkwürdig das ist, daß ich ständig in einem freudigen Rausch lebe – ohne jeden besonderen Grund. So liege ich zum Beispiel hier in der dunklen Zelle auf einer steinharten Matratze, um mich im Hause herrscht die übliche Kirchhofsstille, man kommt sich vor wie im Grabe: vom Fenster her zeichnet sich auf der Decke der Reflex der Laterne, die vor dem Gefängnis die ganze Nacht brennt. Von Zeit zu Zeit hört man nur ganz dumpf das ferne Rattern eines vorbeigehenden Eisenbahnzuges oder ganz in der Nähe unter den Fenstern das Räuspern der Schildwache, die in ihren schweren Stiefeln ein paar Schritte langsam macht, um die steifen Beine zu bewegen. Der Sand knirscht so hoffnungslos unter diesen Schritten, daß die ganze Öde und Ausweglosigkeit des Daseins daraus klingt in die feuchte, dunkle Nacht. Da liege ich still allein, gewickelt in diese vielfachen schwarzen Tücher der Finsternis, Langweile, Unfreiheit des Winters – und dabei klopft mein Herz, von einer unbegreiflichen, unbekannten inneren Freude, wie wenn ich im strahlenden Sonnenschein über eine blühende Wiese gehen würde. Und ich lächle im Dunkeln dem Leben, wie wenn ich irgend ein zauberndes Geheimnis wüßte, das alles Böse und Traurige Lügen straft und in lauter Helligkeit und Glück wandelt. Und dabei suche ich selbst nach einem Grund zu dieser Freude, finde nichts und muß wieder lächeln über mich selbst. Ich glaube, das Geheimnis ist nichts anderes als das Leben selbst; die tiefe nächtliche Finsternis ist so schön und weich wie Samt, wenn man nur richtig schaut. Und in dem Knirschen des feuchten Sandes unter den langsamen, schweren Schritten der Schildwache singt auch ein kleines schönes Lied vom Leben – wenn man nur richtig zu hören weiß. In solchen Augenblicken denke ich an Sie und möchte Ihnen so gern diesen Zauberschlüssel mitteilen, damit Sie immer und in allen Lagen das Schöne und Freudige des Lebens wahrnehmen, damit Sie auch im Rausch leben und wie über eine bunte Wiese gehen. Ich denke ja nicht daran, Sie mit Asketentum, mit eingebildeten Freuden abzuspeisen. Ich gönne Ihnen alle reellen Sinnesfreuden. Ich möchte Ihnen nur noch dazu meine unerschöpfliche innere Heiterkeit geben, damit ich um Sie ruhig bin, daß Sie in einem sternbestickten Mantel durchs Leben gehen, der Sie vor allem Kleinen, Trivialen und Beängstigenden schützt.

Sie haben im Steglitzer Park einen schönen Strauß aus schwarzen und rosavioletten Beeren gepflückt. Für die schwarzen Beeren kommen in Betracht entweder Holunder – seine Beeren hängen in schweren, dichten Trauben zwischen großen gefiederten Blattwedeln, sicher kennen Sie sie, oder, wahrscheinlicher, Liguster; schlanke, zierliche, aufrechte Rispen von Beeren und schmale, längliche grüne Blättchen. Die rosavioletten, unter kleinen Blättchen versteckten Beeren können die der Zwergmispel sein; sie sind zwar eigentlich rot, aber in dieser späten Jahreszeit ein bißchen schon überreif und angefault, erscheinen sie oft violettrötlich; die Blättchen sehen der Myrte ähnlich, klein, spitz am Ende, dunkelgrün und lederig oben, unten rauh.

Sonjuscha, kennen Sie Platens: ›Verhängnisvolle Gabel‹? Könnten Sie es mir schicken oder bringen? Karl hat einmal erwähnt, daß er sie zuhause gelesen hat. Die Gedichte Georges sind schön; jetzt weiß ich, woher der Vers: »Und unterm Rauschen rötlichen Getreides!« stammt, den Sie gewöhnlich hersagten, wenn wir im Felde spazieren gingen. Können Sie mir gelegentlich den neuen ›Amadis‹ abschreiben, ich liebe das Gedicht so sehr – natürlich dank Hugo Wolffs Lied –, habe es aber nicht hier. Lesen Sie weiter die Lessing-Legende? Ich habe wieder zu Langes Geschichte des Materialismus gegriffen, die mich stets anregt und erfrischt. Ich möchte so sehr, daß Sie sie mal lesen.

Ach, Sonitschka, ich habe hier einen scharfen Schmerz erlebt, auf dem Hof, wo ich spaziere, kommen oft Wagen vom Militär, voll bepackt mit Säcken oder alten Soldatenröcken und Hemden, oft mit Blutflecken. Die werden hier abgeladen, in den Zellen verteilt, geflickt, dann wieder aufgeladen und ans Militär abgeliefert. Neulich kam so ein Wagen, bespannt statt mit Pferden mit Büffeln. Ich sah die Tiere zum erstenmal in der Nähe. Sie sind kräftiger und breiter gebaut als unsere Rinder, mit flachen Köpfen und flach abgebogenen Hörnern, die Schädel also unseren Schafen ähnlicher, ganz schwarz mit großen sanften Augen. Sie stammen aus Rumänien, sind Kriegstrophäen. Die Soldaten, die den Wagen führen, erzählen, daß es sehr mühsam war, diese wilden Tiere zu fangen, und noch schwerer, sie, die an die Freiheit gewöhnt waren, zum Lastdienst zu benützen. Sie wurden furchtbar geprügelt, bis daß für sie das Wort gilt »vae victis« ... An hundert Stück der Tiere sollen in Breslau allein sein; dazu bekommen sie, die an die üppige rumänische Weide gewöhnt waren, elendes und karges Futter. Sie werden schonungslos ausgenützt, um alle möglichen Lastwagen zu schleppen, und gehen dabei rasch zugrunde. – Vor einigen Tagen kam also ein Wagen mit Säcken hereingefahren, die Last war so hoch aufgetürmt, daß die Büffel nicht über die Schwelle bei der Toreinfahrt konnten. Der begleitende Soldat, ein brutaler Kerl, fing an, derart auf die Tiere mit dem dicken Ende des Peitschenstieles loszuschlagen, daß die Aufseherin ihn empört zur Rede stellte, ob er denn kein Mitleid mit den Tieren hätte! »Mit uns Menschen hat auch niemand Mitleid«, antwortete er mit bösem Lächeln und hieb noch kräftiger ein ... Die Tiere zogen schließlich an und kamen über den Berg, aber eins blutete ... Sonitschka, die Büffelhaut ist sprichwörtlich an Dicke und Zähigkeit, und die ward zerrissen. Die Tiere standen dann beim Abladen ganz still erschöpft und eines, das, welches blutete, schaute dabei vor sich hin mit einem Ausdruck in dem schwarzen Gesicht und den sanften schwarzen Augen wie ein verweintes Kind. Es war direkt der Ausdruck eines Kindes, das hart bestraft worden ist und nicht weiß, wofür, weshalb, nicht weiß, wie es der Qual und der rohen Gewalt entgehen soll … ich stand davor und das Tier blickte mich an, mir rannen die Tränen herunter – es waren seine Tränen, man kann um den liebsten Bruder nicht schmerzlicher zucken, als ich in meiner Ohnmacht um dieses stille Leid zuckte. Wie weit, wie unerreichbar, verloren die freien, saftigen, grünen Weiden Rumäniens! Wie anders schien dort die Sonne, blies der Wind, wie anders waren die schönen Laute der Vögel oder das melodische Rufen der Hirten! Und hier – diese fremde schaurige Stadt, der dumpfe Stall, das ekelerregende muffige Heu mit faulem Stroh gemischt, die fremden, furchtbaren Menschen und – die Schläge, das Blut, das aus der frischen Wunde rinnt … O mein armer Büffel, mein armer, geliebter Bruder, wir stehen hier beide so ohnmächtig und stumpf und sind nur eins im Schmerz, in Ohnmacht, in Sehnsucht. Derweil tummelten sich die Gefangenen geschäftig um den Wagen, luden die schweren Säcke ab und schleppten sie ins Haus; der Soldat aber steckte beide Hände in die Hosentaschen, spazierte mit großen Schritten über den Hof, lächelte und pfiff einen Gassenhauer. Und der ganze herrliche Krieg zog an mir vorbei …

Schreiben Sie schnell.

Ich umarme Sie, Sonitschka
Ihre R

Sonjuscha, Liebste, seien Sie trotz alledem ruhig und heiter. So ist das Leben und so muß man es nehmen, tapfer, unverzagt und lächelnd – trotz alledem.

Im August 1920 erhält Karl Kraus als Reaktion auf den Abdruck von Rosa Luxemburgs Brief in der ›Fackel‹ 546 bis 550, S. 6f., eine anonyme Zuschrift. Der Brief kommt aus Innsbruck. Kraus befragt seinen Innsbrucker Freund, den Herausgeber der Zeitschrift ›Der Brenner‹, Ludwig Ficker, ob er die Identität jener anonymen Briefschreiberin lüften könne. Ficker antwortet am 7. Januar 1921 weitschweifig: »Was … jenen mondänen Schnabel betrifft, der sich an der Luxemburg zu wetzen das Bedürfnis hatte, so soll er, wie mir Professor Kastil auf das bestimmteste versichert, das antirepublikanische Antlitz der Frau eines Hofrats bei der Landesregierung, namens Lill-Kastern, zieren. Die Dame hatte sich in der Sommerfrische das betreffende Fackelheft bei Professor Kastil, der dasselbe Haus bewohnte, ausgeborgt.«

Fickers Informant, der Philosoph Alfred Kastil (1874 bis 1950), der 1902-1912 zunächst als Privatdozent, schließlich als ao. Professor an der Deutschen Universität in Prag lehrt, verkehrt in diesen Jahren als Lehrer und Freund von Johannes Nádherný auf Schloss Janowitz. Er ist dort auch Rainer Maria Rilke begegnet. 1912 erhält er einen Ruf an die Universität Innsbruck, widmet sich aber nach seiner Emeritierung, 1933, dem ersten Franz Brentano-Archiv in Prag. Seit den zwanziger Jahren ordnet Kastil nun den Brentano-Nachlass. Von der Verbindung zwischen Johannes' Schwester Sidonie Nádherný und Karl Kraus, die zwischen 1913 und 1936 besteht, kann Kastil damals keine Ahnung haben.

Der österreichische Gotha, das ›Genealogische Taschenbuch der adeligen Häuser Österreichs‹, 1908/09, liefert

*der anonymen Unsentimentalen den richtigen Namen –
ob es sich bei der Mitteilung um einen Hör- oder Schreib-
fehler handelte, muss offenbleiben: Es ist Ida von Lill-
Rastern von Lilienbach, die in Nagyvászony/Ungarn am
16. April 1876 geborene Tochter des Güterdirektors Louis
von Lekow, verheiratet mit dem k. k. Bezirkshauptmann
Dr. jur. Alfred von Lill-Rastern von Lilienbach. Kraus
hat schon im November 1920 das »Menschengebell« den
Lesern seiner Zeitschrift unter dem Titel ›Antwort an
Rosa Luxemburg von einer Unsentimentalen‹ mitgeteilt.
Die kursiv gesetzten Teile des folgenden Briefes sind im
Erstdruck durch Sperrungen hervorgehoben.*

Anonymer Brief an Karl Kraus

Innsbruck 25. August 1920

Geehrter Herr Kraus,

Zufällig ist mir die letzte Nummer Ihrer ›Fackel‹ *in die Hände gekommen* (ich war bis 4./II.[1919] l[etzten] J[ahres] Abonnentin) u. ich möchte mir gestatten Ihnen betreffs des von Ihnen so sehr bewunderten Briefes der Rosa Luxemburg Einiges zu erwidern, obwohl Ihnen eine Zuschrift aus dem ominösen Innsbruck *vielleicht* nicht sehr willkommen ist. Also: der Brief ist ja wirklich *recht schön u. rührend* u. ich stimme ganz mit Ihnen überein, daß er sehr wohl als Lesestück in den Schulbüchern für Volks- u. Mittelschulen figurieren könnte, wobei man dann im Vorwort lehrreiche Betrachtungen darüber anstellen könnte, wie viel ersprießlicher und erfreulicher das Leben der Luxemburg verlaufen wäre, wenn sie sich statt als Volksaufwieglerin *etwa als Wärterin in einem Zoologischen Garten od. dgl.* betätigt hätte, *in welchem Fall ihr wahrscheinlich auch das »Kittchen« erspart geblieben wäre.* Bei ihren botanischen Kenntnissen u. ihrer Vorliebe für Blumen hätte sie jedenfalls auch *in einer größeren Gärtnerei lohnende u. befriedigende Beschäftigung gefunden* u. hätte dann gewiß keine *Bekanntschaft mit Gewehrkolben gemacht.*

Was die etwas larmoyante Beschreibung des Büffels anbelangt, so will ich es gern glauben, daß dieselbe ihren Eindruck auf die *Tränendrüsen der Kommerzienrätinnen*

u. der ästhetischen Jünglinge in Berlin, Dresden u. Prag nicht verfehlt hat. *Wer jedoch, wie ich, auf einem großen Gute Südungarns aufgewachsen ist, u. diese Tiere, ihr meist schäbiges, oft rissiges Fell u. ihren stets stumpfsinnigen »Gesichtsausdruck«* von Jugend auf kennt, betrachtet die Sache ruhiger. *Die gute Luxemburg* hat sich von den betreffenden Soldaten *tüchtig anplauschen* lassen (*ähnlich* wie s. Z. der sel. *Benedikt* mit den Grubenhunden) wobei wahrscheinlich noch Erinnerungen an Lederstrumpf, wilde Büffelherden in den Prärien etc. in ihrer Vorstellung mitgewirkt haben. – Wenn wirklich *unsere Feldgrauen*, abgesehn von den schweren Kämpfen, die sie in Rumänien zu bestehen hatten, noch Zeit, Kraft u. Lust gehabt hätten, wilde Büffel zu Hunderten einzufangen u. dann *stracks* zu Lasttieren zu zähmen, so wäre das aller Bewunderung wert, u. entschieden noch erstaunlicher, als daß die urkräftigen Tiere sich diese Behandlung hätten gefallen lassen.

Nun muß man aber wissen, daß die Büffel in diesen Gegenden seit undenklichen Zeiten *mit Vorliebe* als Lasttiere (sowie auch als Milchkühe) gezüchtet u. verwendet werden. Sie sind *anspruchslos im Futter* u. ungeheuer kräftig, *wenn auch von sehr langsamer Gangart*. Ich glaube daher nicht, daß *der »geliebte Bruder« der Luxemburg besonders erstaunt gewesen sein dürfte*, in Breslau einen Lastwagen ziehn zu müssen u. mit »dem Ende des Peitschenstieles« *Eines übers Fell zu bekommen*. Letzteres wird wohl – wenn es nicht gar zu roh geschieht – bei Zugtieren ab u. zu unerläßlich sein, *da sie bloßen Vernunftgründen gegenüber nicht immer zugänglich sind,* –

ebenso wie ich Ihnen als Mutter versichern kann, daß eine *Ohrfeige bei kräftigen Buben oft sehr wohltätig* wirkt! Man muß nicht immer das Schlimmste annehmen *u. die Leute (u. die Tiere)* prinzipiell nur bedauern, ohne die näheren Umstände zu kennen. Das kann mehr Böses als Gutes anrichten. – *Die Luxemburg hätte gewiß gerne,* wenn es ihr möglich gewesen wäre, den Büffeln Revolution gepredigt u. ihnen eine Büffel-Republik gegründet, wobei es sehr fraglich ist, ob sie imstande gewesen wäre, ihnen das – von ihr – geträumte Paradies mit »schönen Lauten der Vögel u. melodischen Rufen des Hirten« zu verschaffen u. ob die Büffel auf Letzteres *so besonderes Gewicht legen.* Es gibt eben *viele hysterische Frauen, die sich gern in Alles hineinmischen u. immer Einen gegen den Anderen hetzen möchten;* sie werden, wenn sie Geist und *einen guten Stil haben,* von der Menge willig gehört u. stiften viel Unheil in der Welt, *so daß man nicht zu sehr erstaunt sein darf,* wenn eine solche, die so oft Gewalt gepredigt hat, *auch ein gewaltsames Ende nimmt.*

Stille Kraft, Arbeit im nächsten Wirkungskreise, ruhige Güte u. Versöhnlichkeit ist, was uns mehr not tut, als *Sentimentalität* u. Verhetzung. *Meinen Sie nicht auch?*

Hochachtungsvoll
Frau v. X–Y.

NR. 554—556   NOVEMBER 1920   XXII. JAHR

DIE FACKEL

HERAUSGEBER

KARL KRAUS

INHALT:

Klarstellung / Antwort an Rosa Luxemburg von einer Unsentimentalen / Eingedeutschtes / Notizen / Antworten des Herausgebers /
Zeitgenossen / Post festum / Volkshymne (mit Vorwort)

NACHDRUCK VERBOTEN

Preis dieses Heftes:
K 12·— / čsl. K 6·— / Mk. 5·—

An der außerordentlichen, durch die Verteuerung des
Materials bewirkten Preiserhöhung und an dem
Zuschlag, den die Buchhandlungen und viele andere
Verschleißstellen einheben, ist der Verlag nicht beteiligt.

VERLAG ‚DIE FACKEL‘, WIEN
III/2, HINTERE ZOLLAMTSSTRASSE 3 :: TELEPHON Nr. 187

ERSCHEINT MINDESTENS VIERMAL IM JAHRE.

Mit Vehemenz und noch aus dem »Manuskript« antwortet Kraus bei einer Wiener Vorlesung am 21.10.1920 im Mittleren Konzerthaussaal auf diese Provokation. Seine ungewöhnlich scharfe Reaktion bleibt nicht ohne Wirkung. Walter Benjamin nennt sie in seinem Kraus-Essay von 1931 in der ›Frankfurter Zeitung‹ »eine menschliche, natürliche, edle Sprache«. Und kräftiger noch: Es sei ein »Bekenntnis, an dem alles erstaunlich, unverständlich aber allein das eine ist, daß nicht die größten Lettern der Fackel es aufbewahren, und daß man diese stärkste bürgerliche Prosa des Nachkriegs in einem verschollenen Hefte der ›Fackel‹: – November 1920 – zu suchen« habe. Dann zitiert Benjamin aus dem hier folgenden Text nach dem Druck in F 554-556 vom November 1920, S. 7-12, die zentralen Punkte:

Karl Kraus' Antwort an eine Unsentimentale

Was ich meine, ist: daß es mich sehr wenig interessiert, ob eine Nummer der Fackel »zufällig« oder anderwegen einer derartigen Bestie in ihre Fänge gekommen ist und ob sie bis 4. II. l[etzten] J[ahres] Abonnentin war oder es noch ist. Ist sie's gewesen, so weckt es unendliches Bedauern, daß sie's nicht mehr ist, denn wäre sie's noch, so würde sie's am Tage des Empfangs dieses Briefes, also ab 28. VIII. l[etzten] J[ahres] nicht mehr sein. Weil ja bekanntlich die Fackel nicht wehrlos gegen das Schicksal ist, an solche Adresse zu gelangen. Was ich meine, ist: daß mir diese Zuschrift aus dem ominösen Innsbruck insofern ganz willkommen ist, als sie mir das Bild, das ich von der Geistigkeit dieser Stadt empfangen und geboten habe, auch nicht in einem Wesenszug alteriert und im Gegenteil alles ganz so ist, wie es sein soll. Was ich meine, ist, daß neben dem Brief der Rosa Luxemburg, wenn sich die sogenannten Republiken dazu aufraffen könnten, ihn durch ihre Lesebücher den aufwachsenden Generationen zu überliefern, gleich der Brief dieser Megäre abgedruckt werden müßte, um der Jugend nicht allein Ehrfurcht vor der Erhabenheit der menschlichen Natur beizubringen, sondern auch Abscheu vor ihrer Niedrigkeit und an dem handgreiflichsten Beispiel ein Gruseln vor der unausrottbaren Geistesart deutscher Fortpflanzerinnen, die uns das Leben bis zur todsichern Aussicht auf neue Kriege verhunzen wollen und die dem Satan einen Treueid geschworen zu haben scheinen, eben das was sie anno 1914 aus Heldentodgeilheit nicht verhindert haben, immer wieder geschehen zu lassen. Was ich meine, ist – und da will ich einmal mit dieser entmenschten Brut von Guts- und Blutsbesitzern und deren Anhang, da will ich mit ihnen, weil sie ja nicht deutsch verstehen und aus meinen »Widersprüchen« auf meine wahre Ansicht nicht schließen können, einmal deutsch reden, nämlich weil ich den Weltkrieg für eine unmißdeutbare Tatsache halte und die Zeit, die das Menschenleben auf einen Dreckhaufen reduziert hat, für eine unerbittliche Scheidewand – was ich meine, ist: Der Kommunismus als Realität ist nur das Widerspiel ihrer eigenen lebensschänderischen Ideologie, immerhin von Gnaden eines reineren ideellen Ursprungs, ein vertracktes Gegenmittel zum reineren ideellen Zweck – der Teufel hole seine Praxis, aber Gott erhalte ihn uns als konstante Drohung über den Häuptern jener, so da Güter besitzen und alle andern zu deren Bewahrung und mit dem Trost, daß das Leben der Güter höchstes nicht sei, an die Fronten des Hungers und der vaterländischen Ehre treiben möchten. Gott erhalte ihn uns, damit dieses Gesindel, das schon nicht mehr ein und aus weiß vor Frechheit, nicht noch frecher werde, damit die Gesellschaft der ausschließlich Genußberechtigten, die da glaubt, daß die ihr botmäßige Menschheit genug der Liebe habe, wenn sie von ihnen die Syphilis bekommt, wenigstens doch auch mit einem Alpdruck zu Bette gehe! Damit ihnen wenigstens die Lust vergehe, ihren Opfern Moral zu predigen, und der Humor, über sie Witze zu machen! Zu Betrachtungen, wie viel ersprießlicher und erfreulicher das Leben der Luxemburg verlaufen wäre, wenn sie sich als Wärterin in einem Zoologischen Garten betätigt hätte statt als Bändigerin von Menschenbestien, von denen sie schließlich zerfleischt ward, und ob sie als Gärtnerin edler Blumen, von denen sie allerdings mehr als eine Gutsbesitzerin wußte, lohnendere und befriedigendere Beschäftigung gefunden hätte denn als Gäterin menschlichen Unkrauts – zu solchen Betrachtungen wird, solange die Frechheit von der Furcht gezügelt ist, kein Atemzug langen. Auch bestünde die Gefahr, daß etwaiger Spott über das »Kittchen«, in dem eine Märtyrerin sitzt, auf der Stelle damit beantwortet würde, daß man es der Person, die sich solcher Schändlichkeit erdreistet hat, in die Höhe hebt, wenn man nicht eine Ohrfeige vorzöge, die, wie ich Ihnen versichern kann, bei kräftigen Heldenmüttern sehr wohltätig wirkt! Was vollends den Hohn darüber betrifft, daß Rosa Luxemburg »mit Gewehrkolben Bekanntschaft gemacht« hat, so wäre er gewiß mit ein paar Hieben, aber nur mit jenem Peitschenstiel, der Rosa Luxemburgs Büffel getroffen hat, nicht zu teuer bezahlt. Nur keine Sentimentalität! Larmoyante Beschreibungen solcher Prozeduren können wir nicht brauchen, das ist nichts für die Lesebücher. Wer auf einem großen Gut Südungarns aufgewachsen ist, wo das sowieso schon schäbige und rissige Fell der Büffel kein Mitleid mehr aufkommen läßt und ihr stets stumpfsinniger »Gesichtsausdruck« – ein Gesichtsausdruck, der mithin nicht nach der Andacht einer Luxemburg, sondern nach Gänsefüßen, nach den Fußtritten einer Gans verlangt – sich von dem idealen Antlitz der südungarischen Gutsbesitzer unsympathisch abhebt, der weiß, daß man in Ungarn noch ganz andere Prozeduren mit den Geschöpfen Gottes vornimmt, ohne mit der Wimper zu zucken. Und daß die Gutsbesitzerinnen mit den Kommerzienrätinnen darin völlig einig sind, sichs wohl gefallen zu lassen. Ich meine nun freilich, daß man weder für Revolutionstribunale sich begeistern noch mit dem Standpunkt jener Offiziere sympathisieren soll, die sich aus dem Grunde, weil das Letzte, was ihnen geblieben ist, die Ehre ist, dazu hingerissen fühlen, ihre Nebenmenschen zu kastrieren. Aber so ungerecht bin ich doch, daß ich zum Beispiel Damen, die noch heute »unsere Feldgrauen« sagen, verurteilen würde, den Abort einer Kaserne zu putzen und hierauf »stracks« den Adel abzulegen, von dem sie sich noch immer, und wär's auch nur in anonymen Besudelungen einer Toten, nicht trennen können. Allerdings meine ich auch, daß unsere Feldgrauen, abgesehen von den schweren Kämpfen, die sie in Rumänien zu bestehen hatten und zwar nur deshalb, weil die Lesebücher bis 1914 noch nicht vom Geist der guten Rosa Luxemburg, sondern von dem der Gutsbesitzerinnen inspiriert waren, faktisch auch Zeit, Kraft und Lust gehabt haben, Büffel zu stehlen und zu zähmen, und ferner, daß, solange die Bewunderung deutscher und südungarischer Walküren für die militärische Büffeldressur vorhält, auch die Menschheit nicht davor bewahrt sein wird, mit Vorliebe zu Lasttieren abgerichtet zu werden. Was ich aber außerdem noch meine – da ja nun einmal meine Meinung und nicht bloß mein Wort gehört werden will – ist: daß, wenn das Wort der guten Rosa Luxemburg nicht von der geringsten Tatsächlichkeit beglaubigt wäre und längst kein Tier Gottes mehr auf einer grünen Weide, sondern alles schon im Dienste des Kaufmanns, sie doch vor Gott wahrer gesprochen hätte als solch eine Gutsbesitzerin, die am Tier die Anspruchslosigkeit im Futter rühmt und nur die langsame Gangart beklagt, und daß die Menschlichkeit, die das Tier als den geliebten Bruder anschaut, doch wertvoller ist als die Bestialität, die solches belustigend findet und mit der Vorstellung scherzt, daß ein Büffel »nicht besonders erstaunt« ist, in Breslau einen Lastwagen ziehen zu müssen und mit dem Ende eines Peitschenstieles »Eines übers Fell zu bekommen«. Denn es ist jene ekelhafte Gewitztheit, die die Herren der Schöpfung und deren Damen »von Jugend auf« Bescheid wissen läßt, daß im Tier nichts los ist, daß es in demselben Maße gefühllos ist wie sein Besitzer, einfach aus dem Grund, weil es nicht mit der gleichen Portion Hochmut begabt wurde und zudem nicht fähig ist, in dem Kauderwelsch, über welches jener verfügt, seine Leiden preiszugeben. Weil es vor dieser Sorte aber den Vorzug hat, »bloßen Vernunftgründen gegenüber nicht immer zugänglich« zu sein, erscheint ihr der Peitschenstiel »wohl ab und zu unerläßlich«. Wahrlich, sie verwendet ihn bloß aus dumpfer Wut gegen ein unsicheres Schicksal, das ihr selbst ihn irgendwie vorzubehalten scheint! Sie ohrfeigen auch ihre Kinder nur, deren Kraft sie an der eigenen Kraft messen, oder lassen sie von sexuell disponierten Kandidaten der Theologie nur darum mit Vorliebe martern, weil sie vom Leben oder vom Himmel irgendwas zu befürchten haben. Dabei haben die Kinder doch den Vorteil, daß sie die

Schmach, von solchen Eltern geboren zu sein, durch den Entschluß, bessere zu werden, tilgen oder andernfalls sich dafür an den eigenen Kindern rächen können. Den Tieren jedoch, die nur durch Gewalt oder Betrug in die Leibeigenschaft des Menschen gelangen, ist es in dessen Rat bestimmt, sich von ihm entehren zu lassen, bevor sie von ihm gefressen werden. Er beschimpft das Tier, indem er seinesgleichen mit dem Namen des Tiers beschimpft, ja die Kreatur selbst ist ihm nur ein Schimpfwort. Über nichts mehr ist er erstaunt, und dem Tier, das es noch nicht verlernt hat, erlaubt ers nicht. Das Tier darf so wenig erstaunt sein über die Schmach, die er ihm antut, wie er selbst; und wie nur ein Büffel nicht über Breslau staunen soll, so wenig staunt der Gutsbesitzer, wenn der Mensch ein gewaltsames Ende nimmt. Denn wo die Welt für ihre Ordnung in Trümmer geht, da finden sie alles in Ordnung. Was will die gute Luxemburg? Natürlich, sie, die kein Gut besaß außer ihrem Herzen, die einen Büffel als Bruder betrachten wollte, hätte gewiß gern, wenn es ihr möglich gewesen wäre, den Büffeln Revolution gepredigt, ihnen eine Büffel-Republik gegründet, womöglich mit schönen Lauten der Vögel und dem melodischen Rufen der Hirten, wobei es fraglich ist, »ob die Büffel auf Letzteres so besonderes Gewicht legen«, da sie es selbstverständlich vorziehen, daß nur auf sie selbst Gewicht gelegt wird. Leider wäre es ihr absolut nicht gelungen, weil es eben auf Erden ja doch weit mehr Büffel gibt als Büffel! Daß sie es am liebsten versucht hätte, beweist eben nur, daß sie zu den vielen hysterischen Frauen gehört hat, die sich gern in Alles hineinmischen und immer

Einen gegen den Anderen hetzen möchten. Was ich nun meine, ist, daß in den Kreisen der Gutsbesitzerinnen dieses klinische Bild sich oft so deutlich vom Hintergrund aller Haus- und Feldtätigkeit abhebt, daß man versucht wäre zu glauben, es seien die geborenen Revolutionärinnen. Bei näherem Zusehn würde man jedoch erkennen, daß es nur dumme Gänse sind. Womit man aber wieder in den verbrecherischen Hochmut der Menschenrasse verfiele, die alle ihre Mängel und üblen Eigenschaften mit Vorliebe den wehrlosen Tieren zuschiebt, während es zum Beispiel noch nie einem Ochsen, der in Innsbruck lebt, oder einer Gans, die auf einem großen südungarischen Gut aufgewachsen ist, eingefallen ist, einander einen Innsbrucker oder eine südungarische Gutsbesitzerin zu schelten. Auch würden sie nie, wenn sie sich schon vermäßen, über Geistiges zu urteilen, es beim »guten Stil« anpacken und gönnerisch eine Eigenschaft anerkennen, die ihnen selbst in so auffallendem Maße abgeht. Sie hätten – wiewohl sie bloßen Vernunftgründen »gegenüber« nicht immer zugänglich sind – zu viel Takt, einen schlecht geschriebenen Brief abzuschicken, und zu viel Scham, ihn zu schreiben. Keine Gans hat eine so schlechte Feder, daß sie's vermöchte! Meinen Sie nicht auch? Sie ist intelligent, von Natur gutmütig und mag von ihrer Besitzerin gegessen, aber nicht mit ihr verwechselt sein. Was nun wieder diese Kreatur vor jener voraus hat, ist, daß sie sichs im Ernstfall, wenn's ihr selbst an den Kragen gehen könnte, beim Himmel mit dem Katechismus zu richten versteht und daß sie dazu noch die Güte für sich selbst hat, einen zu ermahnen, man müsse »nicht

29

immer das Schlimmste annehmen und die Leute (u. die Tiere) prinzipiell nur bedauern, ohne die näheren Umstände zu kennen; das kann mehr Böses als Gutes anrichten.« Böses vor allem für die prädestinierten Besitzer von Leuten (u. Tieren), deren Verfügungsrecht einer göttlichen Satzung entspricht, die nur Aufwiegler und landfremde Elemente wie zum Beispiel jener Jesus Christus antasten wollen, die aber in Geltung bleibt, da das Streben nach irdischen Gütern Gottseidank älter ist als das christliche Gebot und dieses überleben wird. So meine ich!

»Der Kommunismus als Realität ist nur das Widerspiel ihrer eigenen lebensschänderischen Ideologie ... der Teufel hole seine Praxis, aber Gott erhalte ihn uns als konstante Drohung ...«

Karl Kraus in seiner Antwort an die Unsentimentale

Nachwort

»Die Dichter sind überall, schon ihrem Begriffe nach, die Bewahrer der Natur. Wo sie dieses nicht ganz mehr sein können, und schon in sich selbst den zerstörenden Einfluß willkürlicher und künstlicher Formen erfahren ..., da werden sie als die Zeugen und als Rächer der Natur auftreten.«

Karl Kraus zitiert diese Sätze aus Schillers Abhandlung ›Über naive und sentimentalische Dichtung‹ von 1795 (F 443-444 v. 16.11.1916, S. 13), auf die ihn Leopold Liegler aufmerksam gemacht hat. Er versteckt unter der fast gleichgültig erscheinenden, farblosen Überschrift ›Zitate‹ weitere Textpassagen, in denen Schiller den Satiriker neben den Dichter stellt:

»Satirisch ist der Dichter, wenn er die Entfernung von der Natur und den Widerspruch der Wirklichkeit mit dem Ideale (in der Wirkung auf das Gemüt kommt Beides auf Eins hinaus) zu seinem Gegenstande macht. Dies kann er aber sowohl ernsthaft und mit Affekt als scherzhaft und mit Heiterkeit ausführen, je nachdem er entweder im Gebiete des Willens oder im Gebiete des Verstandes verweilt. Jenes geschieht durch die strafende oder pathetische, dieses durch die scherzhafte Satire.«

Die »pathetische Satire« rechtfertige sich stets aus dem »Ideal«, heißt es weiter. Nur der »Trieb nach Übereinstimmung« dürfe »jenes tiefe Gefühl moralischer Widersprüche und jenen glühenden Unwillen gegen moralische

Verkehrtheit erzeugen«, der bei Juvenal, Swift, Rousseau, Haller und anderen zu beobachten sei. Sie alle hätten in »einem ausgearteten Zeitalter« gelebt. Die »schauderhafte Erfahrung moralischer Verderbnis« hätte »Bitterkeit in ihre Herzen gestreut«.

Was hier, im November 1916, in einer der schmalsten Nummern der ›Fackel‹ als Lesefrucht mitgeteilt wird, ist programmatisch für den »Dichter« und für den »Satiriker« Karl Kraus. »Die Verbindung von Lyrik und Glosse« werde, wie er am 6. November 1916 Sidonie Nádherný mitteilt, »förmlich geweiht« (Kraus/Nádherný, Briefe I, S. 438).

Zur unmittelbaren Erklärung seiner Beobachtungen besteht dieses Heft aus ›Worten in Versen‹ und Glossen (›Inschriften‹). Alle Gedichte sind symmetrisch zum Zentrum des Heftes hin angeordnet, das Schillers »Zitate« zusammen mit Goethes ›Sprüchen in Prosa‹ und Auszügen aus Jean Pauls Friedenspredigt der ›Levana‹ bilden. Nichts ist dem Zufall überlassen. ›Mythologie‹, ein Alptraum der vom Krieg verstümmelten Menschenleiber steht am Anfang; die Bitte, »Du großer Gott, laß mich nicht Zeuge sein! | Hilf mir hinab ins Unbewusste« in dem Gedicht ›Gebet‹ bildet den Schluss des Heftes. Es folgen, jeweils spiegelbildlich angeordnet, die an Sidonie Nádherný gerichteten Verse ›Zuflucht‹ und ›Vor dem Einschlafen‹. Wiederum aufeinander bezogen folgen die Gedichte über Los und Lust des Schreibens: ›Abenteuer der Arbeit‹ und ›Der Reim‹. Den Kreatur und Natur verherrlichenden Versen ›Alle Vögel sind schon da‹, ›An den Schnittlauch‹ und ›Grabschrift für ein Hündchen‹ antworten im zweiten Teil des Heftes die Bekennerschreiben dessen, der »in dem alten Haus der Sprache« wohnt: ›Elysisches‹, ›Bekenntnis‹, ›Der Irrgarten‹, ›Der Ratgeber‹.

*

Karl Kraus hat den Brief von Rosa Luxemburg aus dem Breslauer Frauengefängnis an Sophie Liebknecht zwischen 1920 und 1928 insgesamt zehnmal vorgelesen: in Berlin am 28.5.1920 (170. Vorlesung), am 28.1.1921 (192) und am 27.2.1924 (292); in Dresden am 4.6.1920 (174); in Prag am 12.6.1920 (176); in Wien am 9.10.1920 (179), 21.10.1920 (180), 2.1.1921 (188), 11.5.1928 (448) und schließlich in Karlsbad am 31.5.1928 (457).

Die ›Antwort an Rosa Luxemburg von einer Unsentimentalen‹ wird bei den beiden Wiener Lesungen vom 21. Oktober 1920 und 2. Januar 1921 vorgetragen, ebenso bei der Berliner Lesung am 28. Januar 1921. Kraus' Kommentar zu dieser ›Antwort …‹ erscheint nur im Druck der ›Fackel‹.

Der Brief steht bei den Lesungen bis 1924, mit einer Ausnahme, stets an hervorgehobenen Stellen der Vorlesungsprogramme, also als Schlussstück eines Ersten Teils vor der Pause oder am Anfang des Zweiten Teils. In Berlin, 1924, hat Kraus seine Vorlesung sogar mit diesem Brief begonnen. Damals jährten sich die Tage der Ermordung von Rosa Luxemburg zum fünften Mal.

Im Frühjahr 1931 lässt Kraus in einem Prospekt der Neuen Truppe, Berlin, für seine »Elektro-Schallplatten«-Produktion mit »Raumton« eine 25-cm-Platte für Anfang September ankündigen: »Nr. 34/72 Karl Kraus spricht Brief Rosa Luxemburgs an Sonja (Büffelbrief) aus ›Briefe aus dem Gefängnis‹.« (Kraus liest Eigenes …, S. 8). Dazu ist es nicht gekommen. Der »Büffelbrief« von der von Menschen verratenen Schöpfung: Er ist das Gegenbild zu den krächzenden Raben über den Toten des von Menschen gemachten Krieges und seiner touristischen Vermarktung für Überlebende mit den ›Reklamefahrten zur Hölle‹. Walter Benjamin nennt Kraus 1928 nach einer Lesung aus Offenbachs ›Pariser Leben‹ – also unter ganz anderen Voraussetzungen – den »mutigsten Menschenbändiger« (Benjamin, Kraus liest, S. 183).

Aufmerksamkeit verlangt nun aber nicht nur der Brief Rosa Luxemburgs mit der Sorge für Natur- und Pflanzenwelt, ihr »Erbarmen« für die unschuldigen Tiere, das in den Kriegsfackeln vielfache Korrespondenzen fände, sondern auch der Kontext, in dem dieses Dokument von Kraus öffentlich gemacht wird.

Es sind, jedenfalls in den Jahren 1918/21, die Bilder der Verwüstung alles Kreatürlichen und Natürlichen in den Materialschlachten dieses Kriegs, die Kraus in Szenen seiner Tragödie ›Die letzten Tage der Menschheit‹ in wörtlichen Zitaten festgeschrieben hat. Es sind die »Büromörder«, die als Schreibtischtäter wiedererstanden sind. Es sind »die Begriffe ›Menschenmaterial‹, ›durchhalten‹«, die uns aus Hitlers Krieg noch im Ohr sind. Und die eher friedseligen Substantiva »›Scherflein‹, ›Hamstern‹, ›Mustern‹, ›Nachmustern‹, ›Tachinierer‹…, der ganze »ABC-Befund unseres Zustandes in seiner abgründigen Tiefe…, zu dem wir uns innerhalb dieses Mechanismus verurteilen ließen«, der sich dem heutigen Leser in neuen Wortschöpfungen zeigt (Kraus, Akt-Ausgabe, S. 505). Immer

Die Neue Truppe
Elektro-Schallplatten
Berlin S 14
Künstlerische Leitung: Alfred Beierle
Nur elektrische Aufnahmen / Raumton

Karl Kraus trägt vor:
(der Herausgeber: „Die Fackel" in Wien)

Nr. 141/142 **Das Schoberlied** (aus dem Nachkriegsdrama „Die Unüberwindlichen")

Das Lied von der Presse (aus der dramatischen Satire „Literatur")

Nr. 143/144 **Die Raben** (aus dem Kriegsdrama „Die letzten Tage der Menschheit")

Todesfurcht (aus „Worte in Versen VI")
25 cm Platten-Durchmesser. Preis pro Stück 3,50 RM.

Anfang September erscheinen:

Nr. 35/73 Karl Kraus spricht: Der Bauer, der Hund und der Soldat (aus „Worte in Versen III") 25 cm Durchmesser
Rückseite: Revolutionsétude, Opus 10, 12, von Chopin, gespielt von Winfried Wolf

Nr. 156/157 Karl Kraus spricht: Ferdinand Lassalles Rede gegen die Presse — I. und II. Teil   30 cm Durchmesser

Nr. 158/159 Karl Kraus spricht: Das Ehrenkreuz (aus „Die chinesische Mauer")   30 cm Durchmesser
Rückseite: Aphorismen

Nr. 160 91 Karl Kraus spricht: Jugend (aus „Worte in Versen III")
30 cm Durchmesser
Rückseite: Eine kleine Nachtmusik von Wolfgang Amadeus Mozart, gespielt vom Bach-Orchester. Dirigent: Dr. Herbert. — I. Teil

Nr. ███████ Karl Kraus spricht: ███████ Brief Rosa Luxemburgs an
34/72   Sonja (Büffelbrief) aus „Briefe aus dem Gefängnis"
Rückseite: Paraphrase über den Marsch: „Brüder, zur Sonne, zur Freiheit" — Klaviersolo: Heinz Ludwig.
Rezensions-, Tausch- und   25 cm Durchmesser
Probeexemplare der Karl Kraus-Platten werden nicht abgegeben.

Verlangen Sie den Hauptprospekt der „Neuen Truppe"!

Zu beziehen durch   **Bitte wenden!**

Aus dem Prospekt der Neuen Truppe, Berlin, 1931, mit der Ankündigung der nie produzierten Sprechplatte »Büffelbrief«. Auf der Rückseite Paraphrasen aus dem russischen Arbeiterlied (»Tapfer, Genossen, im Gleichschritt«).

Leonid Petrowitsch Radin, 1895/96, im Moskauer Taganka-Gefängnis gibt es einen, »der nicht bis drei zählen« kann, wie der Erzherzog Friedrich, der mit dem »Wolfslachen«, eine Erscheinung, vor deren Tatenruhm Napoleon als der erste Defaitist erscheint«; er hat Hunderte von Galgen errichten lassen (Kraus, Akt-Ausgabe, S. 515ff.).

Es sind die ›Worte in Versen‹, in denen der Satiriker seine Ideale dem »ausgearteten Zeitalter« entgegensetzt. Es sind die Inschriften und Glossen, die den »Aufstand der Menschenwürde« gegen jene »Auftraggeber« beklagen, »die für die Erweiterung von Absatzgebieten über Leben und Glück von Millionen verfügt haben« und die »erst nach mehr als vier Jahren und erst von einer Revolution des Hungers die Geschäftsstörung befürchten« mussten (F 499-500, S. 29). Es sind die Taten und Untaten, die jede »Harmonie der Schöpfung« zerstören (F 406-412, S. 94). Es sind die hundertfältigen Beispiele einer von Kreaturen »menschverratnen Schöpfung« (F 445-453, S. 172). Wo die Aufforderung gilt: »... treiben S' nicht die Humanität auf die Spitze! Humanität hin, Humanität her, das is ja alles recht schön, aber wie reimt sich das mit dem Patriotismus? Jetzt is Krieg ...« (Kraus, Akt-Ausgabe, S. 415), hat der Respekt vor der Kreatur keinen Platz. Wo Hunde, Pferde, Ochs und Esel dem Krieg geopfert wurden, gilt das Geständnis eines Regimentsarztes: »Es is unglaublich, wie man verroht. Man kommt faktisch gar nicht mehr dazu, human zu sein.« (Kraus, Akt-Ausgabe, S. 277).

Bei der ersten Berliner und der Prager Lesung steht nach Gedichten und solchen Szenen aus den ›Letzten Tagen der Menschheit‹ das Gedicht ›Ich habe einen Blick gesehn‹ (F 508-513, S. 20f.): »An einer Lastenstraße, staubgeboren, | im Frühjahr allzu kümmerlich erblüht, | steht ein Gesträuch, in eine Welt verloren, | für die sich Gott vergebens müht. | Und vor dem Strauch ist eine Frau gestanden, | und ich stand auch und sah nur ihren Blick |...| Kein Gärtner hütet zärtlicher die Reiser | als diese Abendsonne dieses Blicks.«

Mehrfach hat Kraus das nach einer von seinem Freund Max Lobkowicz beobachteten Begebenheit entstandene Gedicht ›Der Bauer, der Hund und der Soldat‹ vorgelesen (F 484-498, S. 141f.), das von der mutwilligen Verletzung eines Tieres durch den Bajonettstich eines Soldaten handelt: »Wie aber, wann und wo empfing die Wunde | der arme Hund? Er kann ja gar nicht gehn!« | »Herr, es ist Krieg und da ist es dem Hunde, | er stand so da, da ist es ihm geschehn.«

Bei der Dresdner Lesung gehen Gedichte von Matthias Claudius voraus, ›An –, als ihm die – starb‹; ›Bei dem Grabe meines Vaters‹; ›Der Tod und das Mädchen‹; ›Kriegslied‹ – und, an vorletzter Stelle das Gedicht ›Als der Hund tot war‹, das mit den Zeilen beginnt: »Alard ist hin, und meine Augen fließen | Mit Tränen der Melancholie! | Da liegt er tot zu meinen Füßen! | Das gute Vieh!«

In Rosa Luxemburgs Briefen gibt es zahlreiche Belege ihrer Nähe zum »guten Vieh«. Am 2. Mai 1917 hat sie an Sophie Liebknecht geschrieben: »… ich habe manchmal das Gefühl, ich bin gar kein richtiger Mensch, sondern auch irgend ein Vogel oder ein anderes Tier in mißlungener Menschengestalt; innerlich fühle ich mich in so einem Stückchen Garten wie hier oder im Feld unter Hummeln und Gras viel mehr in meiner Heimat als – auf einem

Parteitag. Ihnen kann ich ja wohl das alles sagen: Sie werden nicht gleich Verrat am Sozialismus wittern. Sie wissen, ich werde trotzdem hoffentlich auf dem Posten sterben: In einer Straßenschlacht oder im Zuchthaus.« (Luxemburg, Briefe V, S. 229)

*

Die ›Fackel‹ wird früh schon in Kreisen der Sozialdemokraten aufmerksam gelesen. Auch Rosa Luxemburg hat, wie eine Bemerkung gegenüber ihrem Freund, dem Rechtsanwalt und Berliner Stadtverordneten Arthur Stadthagen, vom Dezember 1899 belegt, diese Hefte »mit großem Interesse« verfolgt. »Sie sind wirklich mit Talent gemacht: forsch, lebendig und inhaltsreich.« (Luxemburg, Briefe, I, S. 430). Luxemburg ist ein Jahr vorher in die SPD eingetreten und gehört damit auch zu den Lesern der ›Fackel‹-Beiträge des alten Wilhelm Liebknecht, des Gründervaters der deutschen Sozialdemokratie und Vaters von Karl Liebknecht, dem Kraus zwischen September 1899 und Juni 1900 seine Zeitschrift für Aufsätze geöffnet hat, die in Parteiblättern keinen Platz finden. Kraus erinnert an Wilhelm Liebknechts 100. Geburtstag im März 1926 (F 717-723, S. 6-31) durch Briefe und Beiträge dieses Antidreyfusards in seinem Blatt (F 18, 19, 21, 42 und 44). Der habe »sich offenbar zeitlebens gefürchtet …, als Israelit agnosziert zu werden« (F 827-833, S. 64), kommentiert er nach dreißig Jahren eine Haltung, die ihm selbst nicht fremd gewesen sein kann.

Als Luxemburg am 1. Oktober 1907 neben Stadthagen u.a. ihre Dozententätigkeit an der wiederbegründeten Parteischule der SPD in Berlin aufgenommen hat, ist der mit Karl Kraus seit 1898 befreundete Berliner Rechtsanwalt Hugo Heinemann Dozent für Strafrecht, Strafprozessordnung und Strafvollzug an dieser Einrichtung. Er steuert im Juni 1899 (F 9, S. 1-6) einen Beitrag über den Entwurf des Zuchthausgesetzes bei, schreibt möglicherweise auch anonym über andere juristische Themen und bleibt mit Kraus bis 1912 in lebhafter Verbindung. Schon 1899 versichert er dem »lieben Krauschen«, alles »für unsere neue Zeitschrift« [›Die Fackel‹] tun zu wollen, um sie bekannt zu machen. Er äußert sich beifällig über den Essay ›Sittlichkeit und Criminalität‹ von 1902, gibt 1906/07 Ratschläge in der Auseinandersetzung mit Maximilian Harden, vermittelt Rechtsanwalt Max Alsberg für Herwarth Waldens Prozess gegen die Genossenschaft Deutscher Bühnenangehöriger und rät von strafrechtlichen Maßnahmen gegen Franz Pfemfert von der ›Aktion‹ ab, als der sich nach der Veröffentlichung von ›Heine und die Folgen‹ auf die Seite Alfred Kerrs geschlagen hat (1912).

Die frühe ›Fackel‹ ist bereit, sich auch anderen Sozialisten zu öffnen, Gustav Landauer etwa, der 1906 durch Erich Mühsam eingeladen wird, Manuskripte einzusenden, oder Kurt Eisner, der mit Rosa Luxemburg aus der SPD ausscheidet und zur USPD wechselt. In beiden Fällen kommt es nicht zur Zusammenarbeit. Eisner und Landauer sind führend an der Münchner Räterepublik beteiligt. Beide werden ermordet. An beide erinnert Kraus im November 1922, indem er die Briefe abdruckt, mit denen Eisner die Mitarbeit abgelehnt, Landauer ihr »aus dem Gefühl der Zusammengehörigkeit« zugestimmt hat (F 601 bis 607, S. 66f.). Aber zur Mitarbeit kommt es nicht.

Kurt Krolop und Edward Timms haben fast gleichzeitig und unabhängig voneinander auf die Anfang 1916 erscheinende Broschüre ›Die Krise der Sozialdemokratie‹ hingewiesen, die Franz Pfemfert illegal produziert. Rosa Luxemburg hat sie unter dem Pseudonym Junius geschrieben – nach dem Vorbild der zwischen 1769 und 1772 im Londoner ›Public Advertiser‹ publizierten Satiren über König, Minister, Parlament, Gerichtshöfe und Staatsbeamte, über Whigs und Tories. Es ist eine sozialökonomische, politische Analyse der Sozialdemokratie in diesem Krieg. Sie zeigt eine bis in die Wortwahl reichende Nachbarschaft zu den Warnschriften der ›Fackel‹.

»Die Szene hat gründlich gewechselt. Der Marsch in sechs Wochen nach Paris hat sich zu einem Weltdrama ausgewachsen; die Massenschlächterei ist zum ermüdend eintönigen Tagesgespräch geworden, ohne die Lösung vorwärts oder rückwärts zu bringen. Die bürgerliche Staatskunst sitzt in der Klemme, im eigenen Eisen gefangen; die Geister, die man rief, kann man nicht mehr bannen.

Vorbei ist der Rausch. Vorbei der patriotische Lärm in den Straßen, die Jagd auf Goldautomobile, die einander jagenden falschen Telegramme, die mit Cholerabazillen vergifteten Brunnen, die auf jeder Eisenbahnbrücke Berlins bombenwerfenden russischen Studenten, die über Nürnberg fliegenden Franzosen, die Straßenexzesse des spionenwitternden Publikums, das wogende Menschengedränge in den Konditoreien, wo ohrenbetäubende Musik und patriotische Gesänge die höchsten Wellen schlugen; ganze Stadtbevölkerungen in Pöbel verwandelt, bereit, zu denunzieren, Frauen zu mißhandeln, Hurra zu schreien und sich selbst durch wilde Gerüchte ins Delirium zu steigern; eine Ritualmordatmosphäre, eine Kischineff-Luft, in der der Schutzmann an der Straßenecke der einzige Repräsentant der Menschenwürde war.« (Hirsch, Luxemburg, S. 106).

Es ist eine Analyse des Kriegs, die auch in der ›Fackel‹ hätte stehen können, nachdem aus dem Zündeln im Manöverbiwak ein Weltbrand geworden war. Die Unfähigkeit, den Alltag zu bestehen, ist mit der alles entschuldigenden Erklärung »Krieg ist Krieg« nicht mehr zu begründen. Die Beteuerungen des »Schulter an Schulter«-Kampfes sind im Morast des Grabenkriegs stecken geblieben. Das Kostümfest in Uniformen ist zum Totentanz geworden. Wer aus dem Rausch des Patriotismus aufwacht, versteht im Katzenjammer die Welt nicht mehr. Und umgekehrt: Der Jammer, das Mitleiden über die unter Peitschenhieben zerrissene Büffelhaut – »und sie ward zerrissen« – liest sich wie ein Kapitel über die letzten Tage der Menschheit.

*

Die Gefängnisbriefe der Rosa Luxemburg und ihre Bekanntmachung durch Karl Kraus werden bald in der Öffentlichkeit zur Kenntnis genommen. Walter Benjamin teilt am 29. Dezember 1920 dem Freund Gershom Scholem mit, sein Bruder Georg, seit 1920 Mitglied der USPD und seit 1922 der KPD, habe ihm »die Briefe geschenkt …, die Rosa Luxemburg aus dem Gefängnis während des Krieges geschrieben hat«. Er sei »von deren unglaublicher Schönheit und Bedeutung ganz betroffen«. Und Benjamin fügt hinzu: »Kraus hat eine bedeutende Polemik

Doppeltitel der Erstausgabe der ›Briefe aus dem Gefängnis‹, 1920.
Kraus sendet dieses Heft am 3./4. Juni 1921 an Sidonie Nádherný
als Dank für die »Karte mit dem Engel. … Sie sei mit der Beilage
R.L., die wohl zum Allerschönsten gehört, von Herzen bedankt.«

Karl Kraus an Sidonie Nádherný, Bd I, S. 583

INTERNATIONALE JUGENDBIBLIOTHEK
No. 10

Rosa Luxemburg

Briefe

aus dem Gefängnis

❖

Mit einem Bild und einem Faksimile

❖

Herausgegeben vom Exekutivkomitee der
Kommunistischen Jugendinternationale

❖

Verlag für die deutschsprachigen Länder
Verlag Junge Garde, Berlin C. 2, Stralauer Straße 12

an die unverschämte Befehdung des Geistes dieser Briefe durch eine ›deutsche Frau‹ angeschlossen. In der gleichen (letzten) Nummer der Fackel hat er eine Nationalhymne für Österreich [die ›Volkshymne‹] veröffentlicht, die ihn mir, ebenso wie ›Brot und Lüge‹ ganz auf dem Wege zum großen Politiker zeigt. Es ist als wäre die dämonische tiefere Hälfte seines Wesens abgestorben, versteinert und als hätte diese Brust und das sprechende Haupt nun das unverrückbare marmorne Postament, von dem herab er spricht.« (Benjamin, Briefe II, S. 120).

Karl Kraus selbst ist sich sicher, diese Briefe der Rosa Luxemburg gehören »wohl zum Allerschönsten«. So schreibt er in der Nacht vom 3./4. Juni 1921 an Sidonie Nádherný, als er ihr die Broschüre mit den Gefängnisbriefen nach Janowitz schickt (Kraus/Nádherný, Briefe I, S. 583). Und als er Weihnachten 1921 nach dem Jahr der Trennung wieder in Janowitz verbringt, überreicht er dem Schlossherrn, Karl Baron Nádherný von Borutin, das Bändchen der ›Briefe aus dem Gefängnis‹ mit einer Widmung in der zweiten, veränderten Auflage. Die Schwester aber bekommt ›Matthias Claudius' des Wandsbecker Boten Gedichte‹ in einer Ausgabe von 1896. Sidonie Nádherný trägt auf dem rückwärtigen Vorsatzblatt das ›Kriegslied‹ und ›Der Schwarze in der Zuckerplantage‹ eigenhändig ein und vermerkt das Fehlen der Gedichte ›Ein Lied um Regen‹, ›Fuchs und Bär‹ und ›Der Bauer, nach geendigtem Prozess‹. So werden wenigstens im privaten Rahmen die Gefängnisbriefe der Luxemburg in die Nachbarschaft von Claudius' Gedichten gestellt.

Der Name der Rosa Luxemburg findet sich in der ›Fackel‹

in den Zwanziger Jahren noch hie und da; am häufigsten im Zusammenhang mit Kurt Tucholsky, der als Verantwortlicher Chefredakteur des Illustrierten Wochenblatts für Humor und Satire, ›Ulk‹, die Sozialistin zumeist in fiktiven Antworten auf Leserbriefe »ver-ulkt« hat. Kraus hält Tucholsky seine »Kriegsanleihelyrik« vor und seine »schlesische Tätigkeit« (F 845-845, S. 23): Das war die gut honorierte Propagandaarbeit im Auftrag der Reichsregierung, 1920/1921, zur Förderung antipolnischer Ressentiments vor der Volksabstimmung über die deutschpolnische Grenze. Er sei »eine Fahne revolutionären Geistes und unter allen Umständen ein flotter Bursche«, hält Kraus ihm vielsagend vor (ebda, S. 23).

*

Ein Echo auf den »Büffelbrief« der Luxemburg findet sich rund vierzig Jahre später bei Paul Celan.

Ende 1962 entsteht »im Rahmen des Zyklusprojekts Pariser Elegie« das Gedicht ›Coagula‹, das in den Band ›Atemwende‹ vom August 1967 aufgenommen wird. Barbara Wiedemann, die Herausgeberin der 2020 erschienenen »kommentierten Gesamtausgabe« der ›Gedichte‹ Celans (Frankfurt/Main: Suhrkamp), nimmt in ihren Erläuterungen bedachtsam Bezug auf das Hier und Jetzt der Umstände ihrer Entstehung. Konkretes wird genau bezeichnet und damit der »Zeithof« (Edmund Husserl) untersucht und beschrieben, der sich bei der Niederschrift eines Gedichts wahrnehmen lasse.

Coagula: Der Titel des Gedichts spielt an auf die alchimistische Formel »solve et coagula« = löse und verbinde (am selben Tag entsteht das Gedicht mit dem Titel ›Solve‹).

Der Vorgang bezeichne das Analysieren, das Trennen und Auflösen einer Eigenschaft mit dem Ziel einer neuen Verbindung mit besserem Ergebnis. Im Französischen bezeichnet das Verb »coaguler«: etwas zum Gerinnen bringen, gerinnen lassen, was nicht unbedingt ein besseres, aber ein anderes Ergebnis zutage fördert.

»Auch deine Wunde, Rosa« [Luxemburg] »coaguliert« Celan mit dem Namen der Bediensteten Rosa, dem Opfer des Pferdeknechts in Kafkas Erzählung ›Der Landarzt‹, und der »handtellergroßen Wunde« des Kranken, zu dem der Arzt gerufen wird. Diese Wunde ist »Rosa in vielen Schattierungen«. Sie ist mit ärztlichen Mitteln nicht heilbar. Sie ist tödlich. Sie ist das Stigma menschlicher Verschuldung.

Am 23. November 1967, kurz vor einer Reise nach Westberlin, bei der Celan die Orte der Ermordung von Karl Liebknecht und Rosa Luxemburg aufsucht und das Gedicht am 18. Dezember vorliest, schreibt er an seinen rumänischen Freund, den Schriftsteller und Übersetzer Petre Salomon: »les bisons roumains aperçus par Rosa Luxemburg à travers les barreaux de la prison convergent avec les trois mots du Médecin de campagne de Kafka – et avec ce nom: Rosa. Je coagule, j'essaie de le faire coaguler« (Wiedemann, S. 881f). Ich verbinde, ich versuche, etwas in Verbindung zu bringen …, konjugiert er das Verb »coaguler« – nämlich die von Rosa beobachteten blutenden Büffel mit der Wunde in Kafkas Landarzt-Erzählung.

COAGULA
Auch deine
Wunde, Rosa.

Und das Hörnerlicht deiner
rumänischen Büffel
an Sternes Statt überm
Sandbett, im
redenden, rot-
aschengewaltigen
Kolben.

Barbara Wiedemann erläutert das Bild vom »Hörnerlicht
deiner rumänischen Büffel« mit dem Hinweis auf Celans
Arbeitseinsatz in dem Lager Tăbareşti in Moldawien: Im
Wappen des Fürstentums Moldau stehe ein Stern zwischen den Hörnern eines Büffelkopfes. Das Sandbett ist
bei »alchimistischen Operationen Abstell- und Kühl-
möglichkeit für heiße Kolben, die als Gefäß für alchimistische Operationen« gelten (Wiedemann, S. 882).

*

Mitte Dezember 1967 fliegt Paul Celan über Frankfurt
erneut für Tage nach Westberlin. Er wohnt in der Gäste-
wohnung der Akademie der Künste im Hansaviertel, ge-
nießt den Umgang mit Peter Szondi, hält »Lesungen im
großen und kleinen Kreis«, in Szondis Seminar, im Literarischen Colloquium Walter Höllerers.

»Ein paar Tage nach Weihnachten rief Celan aus Berlin
an«, berichtet sein Lektor und Freund Klaus Reichert in
seinen Erinnerungen an Celan, »er wirkte vergnügt und
gelassen«. Er »habe ein Gedicht geschrieben, das möchte

ich Ihnen schicken«, kündigt Celan an, »in der ersten Niederschrift. Sind Sie zu Jahreswechsel in Frankfurt? ...« »Ich erhielt das Gedicht an Sylvester ...« (Reichert, S. 89ff.).

Peter Szondi hat Celan die ›Dokumentation eines politischen Verbrechens‹ von Elisabeth Hannover-Drück und Heinrich Hannover geschenkt, in der die Vorgeschichte, die Ermordung von Rosa Luxemburg und Karl Liebknecht und die nachfolgenden Prozesse detailliert beschrieben werden. Szondi, Walter Georgi, ein Schweizer Bekannter Celans, und Paul Celan besuchen am 19. und 21. Dezember die Tatorte dieser Morde:

Die Spree, die Havel, in die der Landwehrkanal mündet. Plötzensee, die Fleischerhaken, an denen die Attentäter des 20. Juli aufgehängt wurden, den Berliner Weihnachtsmarkt mit den schwedischen Äppelspaken [!], den Gabentischen. Um die Ecke das Eden-Hotel. Die endlich ermittelte Todesart von Liebknecht und die abfällige Äußerung über Luxemburg sind bei Hannover-Drück/Hannover belegt: Liebknecht sei nach fingiertem Fluchtversuch von Schüssen »durchlöchert« (a.a.O., S. 99); »Über Luxemburg hieß es: ›Die alte Sau schwimmt schon‹« (a.a.O., S. 129).

Peter Szondi fasst im Jahr nach Celans Tod den Plan, über den späten Celan und einige seiner Gedichte zu schreiben. Am 8. Februar 1971 kündigt er Jean Bollack, dem französischen Altphilologen und Celan-Freund, an, über das ›Wintergedicht‹ alle Einzelheiten zu versammeln, die zum Verständnis beitrügen. Man müsse sie kennen, um das Gedicht zu verstehen: »J'ai décidé d'écrire un petit bouquin sur Paul. … ›Wintergedicht‹ – Celans Berliner Aufenthalt. – Dans ce dernier article j'essaierai de donner tous les détails qui aident à comprendre le poème (›Du liegst im grossen Gelausche …‹) sur Rosa Luxemburg et Liebknecht, tout en montrant combien il faut connaître de détails pour comprendre les poèmes des dernières années. Une Anti-lecture donc, mais pour cause.« (Szondi, S. 225f.)

Das den Toten eingedenk geschriebene ›Wintergedicht‹ endet mit einem Zeilensprung: »Nichts | stockt«.

Barbara Wiedemann weist aus Celans Handexemplar des Büchner die Quelle nach: »Am Schluß von Büchners Dantons Tod, unmittelbar vor der Hinrichtung von Camille und Danton, sagt Lucile: ›Der Strom des Lebens müßte stocken, wenn nur der eine Tropfen verschüttet würde. Die Erde müßte eine Wunde bekommen von dem Streich. | Es regt sich alles, die Uhren gehen, die Glocken schlagen, die Leute laufen, das Wasser rinnt, und so alles weiter bis da, dahin – nein, es darf nicht geschehen, nein, ich will mich auf den Boden setzen und schreien, daß erschrocken alles stehn bleibt, alles stockt, sich nichts mehr regt.‹« Celan hat die Zeilen in seinem Exemplar von Georg Büchners ›Werken und Briefen‹ (Wiesbaden: Insel 1958, S. 81) angestrichen.

Noch von Berlin-Tegel aus, die Schauplätze der Morde vor Augen, schickt Paul Celan am 29. Dezember 1967 die Urschrift des ›Wintergedichts‹ Du liegst‹ an seinen Lektor bei Suhrkamp und Insel, Klaus Reichert. Beide sehen sich Mitte Februar in Frankfurt wieder (Reichert, S. 268f.):

~~Wintergedicht.~~
<u>Du liegst</u> im großen Gelausche,
umbuscht, umflockt.

Geh du zur Spree, geh zur Havel,
geh zu den Fleischerhaken,
zu den roten Äppelspaken
aus Schweden –

Es kommt der Tisch mit den Gaben,
er biegt um ein Eden –
        ward zum Sieb,
Der Mann ~~mußte schwimmen~~ die Frau
mußte schwimmen, die Sau,
für sich, für keinen, für jeden –

Der Landwehrkanal wird nicht rauschen.
Nichts
       stockt.

(Berlin, 22./23.XII.67)   Paul Celan

Anmerkungen

Karl Kraus über einen Brief von Rosa Luxemburg, S. 7

Arbeiter-Zeitung: Der Nachdruck des Briefauszugs in der Wiener ›Arbeiter-Zeitung‹ vom Pfingstsonntag, 23. Mai 1920, Nr. 141, S. 9-10, entspricht dem Erstdruck der Broschüre: Rosa Luxemburg, Briefe aus dem Gefängnis. Mit einem Bild und einem Faksimile. Hrsg. vom Exekutivkomitee der Kommunistischen Jugendinternationale im Berliner Verlag Junge Garde (Internationale Jugendbibliothek, Heft 10) [1920]; jetzt in: Rosa Luxemburg, Gesammelte Briefe. Redaktion Georg Adler, Erna Herbig, Brigitte Hoeft unter Mitarbeit von Marianne Dingel. (Berlin: Dietz ²1987), Bd 5. S. 346-350. – In der AZ wird der Brief mit einer ungezeichneten Spitzmarke unter dem Titel ›Ein Brief Rosa Luxemburgs aus dem Gefängnis‹ wiedergegeben und ausdrücklich auf die »reiche, alles, Menschen, Tiere, Pflanzen einschließende Liebe« Rosa Luxemburgs verwiesen, die »nur ihren intimsten Freunden bekannt geworden« sei.

im Deutschland der unabhängigen Sozialisten: Am 8. April 1917 spaltet sich in Gotha die sozialdemokratische Linke, darunter die Gruppe »›International«‹ um Rosa Luxemburg, Karl Liebknecht, Franz Mehring, Clara Zetkin u.a., als »Unabhängige Sozialdemokratische Partei Deutschlands« (USPD) von der SPD ab. Der linke Flügel der SPD verweigert seit 1914 jede Zustimmung zu Kriegskrediten und die vom deutschen Kaiser eingeforderte »Burgfriedenspolitik«. Aus der USPD geht 1916 die Spartakusgruppe hervor, 1918 der Spartakusbund und schließlich, auf dem Parteitag vom 29. bis 31. Dezember 1918, die Kommunistische Partei Deutschlands (KPD).

Fibel- und Gelbkreuzchristentum: Dem »Bibelchristentum«, einem der Bibel verpflichteten, friedfertigen Christentum, konfrontiert Karl Kraus das nationalistische, im Kriege die Waffen segnende »Fibelchristentum« (F 521-530, S. 154), das in einer »Mischung von Weihrauch und Giftgas … Frömmigkeit im Zeichen des Gelbkreuzes« rechtfertige (F 568-571, S. 63). Mit dem chemischen Kampfstoff Lost oder Senfgas, dem sogenannten Gelbgas, das schwerste Verätzungen der Haut und der Atmungsorgane hervorruft, greifen deutsche Truppen entgegen der Haager Landkriegsordnung von 1899 am 13. Juli 1917 bei Ypern die Stellungen des Gegners an: 14.200 Soldaten werden verletzt, 489 sterben an den Verätzungen.

Rosa Luxemburg an Sophie Liebknecht, S. 9-16

Sonitschka: Sophie Borissowna Liebknecht wird von Rosa Luxemburg Sonja, Sonjuscha oder Sonitschka genannt. – Die Auslassungspunkte in dem Brief stammen sämtlich von der Verfasserin.

Nachrichten aus Rußland: Am 24. Oktober 1917 alter Zeitrechnung haben Arbeiter, Soldaten und Matrosen in St. Petersburg unter Führung der Bolschewiki den bewaffneten Aufstand begonnen, am 25. Oktober die Provisorische Regierung Kerensky gestürzt und damit die Oktoberrevolution eingeleitet.

Kischiniow: Kischinau, altrumänisch: Neue Wasserquelle. Bei einem Pogrom in der Stadt, der heutigen Hauptstadt der Republik Moldau, mit großer jüdischer Gemeinde (70 Synagogen) sind an Ostern 1903 49 Juden ermordet worden. Rund 400 Menschen werden verletzt. – 1941, nach dem deutschen Überfall auf die Sowjetunion, wird die jüdische Bevölkerung dieses Zentrums jüdischen Lebens im Russischen Kaiserreich durch Pogrome und Deportationen der deutsch-rumänischen Besatzer ausgelöscht.

für Südrußland völlig beruhigt: Sophie Liebknechts Vater Boris Ilych [† 1919) und ihre Mutter Olga Pavlovna Ryss lebten vermutlich mit anderen Mitgliedern der Familie noch in Rostow am Don, einer Stadt rund 50 Kilometer vor der Mündung des Dons in das Asowsche Meer.

Rada: slav.: Zentralna Rada. Ein bürgerlicher Ukrainischer Zentralrat in Kiew widersetzt sich mit der Bildung der Ukrainischen Volksrepublik der Revolution 1917-1919.

Mat. W.: Mathilde Wurm (1871-1934), USPD-Mitglied; 1917-1919 Bürgerdeputierte der Stadt Berlin.

Karl: Karl Liebknecht (1871-1919), Rechtsanwalt, Politiker; 1901 bis 1913 Berliner Stadtverordneter der SPD, 1908-1916 Mitglied des Preußischen Abgeordnetenhauses, 1912-1916 Mitglied des Reichstags. Er wird am 1.Mai 1916 bei einer Antikriegsdemonstration am Potsdamer Platz verhaftet und wegen Hochverrat am 23. August 1916 zu vier Jahren und einem Monat Zuchthaus verurteilt. Liebknecht ist Mitbegründer der Gruppe »International« (Spartakus) und des Spartakusbundes 1918. Mit Rosa Luxemburg ist er Redakteur der ›Roten Fahne‹. Mitbegründer der KPD.

Luckau: Vom 8. Dezember 1916 bis 23. Oktober 1918 sitzt Liebknecht in der Strafanstalt Luckau in der Niederlausitz ein. Am 9. November 1918 wird er begnadigt.

Wronke: Festung, Kreis Samter im Bezirk Posen. Rosa Luxemburg, seit 16. Juli 1916 in Berlin in »Sicherheitsverwahrung«, ist seit Ende Juli im Königlich-Preußischen »Weibergefängnis« Barnimstraße inhaftiert. Zwischen Oktober 1916 und Juli 1917 ist sie politische Gefangene mit Festungsfreiheit in Wronke.

drittes Weihnachten im Kittchen: Rosa Luxemburg war wegen »Aufforderung zum Ungehorsam«, einem heute entfallenen § 110 des Strafgesetzbuches (»Widerstand gegen die Staatsgewalt«) zwischen März 1915 und Februar 1916 zu einem Jahr Haft ins Berliner Gefängnis Barnimstraße eingewiesen worden.

Steglitzer Park: Landschaftspark im Berliner Südwesten, angelegt zwischen 1906 und 1914.

Sonjuscha, kennen Sie …: Diesen Absatz hat Kraus in eckigen Klammern in F 546-550, S. 7f., zwar abgedruckt, nicht aber vorgelesen.

Platens ›Verhängnisvolle Gabel: August von Platen, Die verhängnißvolle Gabel. Ein Lustspiel in fünf Akten (Stuttgart, Tübingen: Cotta 1826).

»Und unterm Rauschen rötlichen Getreides!«: Aus der zweiten Strophe des Gedichts ›Nun lass mich rufen über die verschneiten | Gefilde …«, in: Stefan George, Der siebente Ring. Gesamt-Ausgabe der Werke, Band 6/7, Berlin: Küpper-Bondi 1931, S. 88f., wo es heißt: ,»Du kamst beim prunk des blumigen geschmeides. | Ich sah dich wieder bei der ersten mahd | Und unterm rauschen rötlichen getreides | Wand immer sich zu deinem haus mein pfad.«

neuen ›Amadis‹: Gedicht Goethes, ›Der neue Amadis‹, das mit den Zeilen beginnt: »Als ich noch ein Knabe war, | Sperrte man mich ein. …«, vertont von Hugo Wolf (1860-1903).

Lessing-Legende: Franz Mehring, Die Lessinglegende. Zur Geschichte und Kritik des preußischen Despotismus und der klassischen Literatur (Stuttgart: Dietz 1892).

Geschichte des Materialismus: Friedrich Albert Lange, Geschichte des Materialismus und Kritik seiner Bedeutung in der Gegenwart (Iserlohn: Baedeker 1866).

»vae victis«: »Wehe den Besiegten«, eine Sentenz, die dem keltischen Brennus zugeschrieben wird, der seinen Rückzug aus Italien im 4. Jahrhundert mit der Bezahlung einer Lösegeldsumme erwirkt haben soll. Auf den Protest der Römer, er benutze falsche Gewichte, habe Brennus sein Schwert in die Waagschale geworfen, was die zu zahlende Summe erhöht habe (Titus Livius, Ab urbe condita 5,48,9).

Anonymer Brief an Karl Kraus, S. 18-20

letzte Nummer Ihrer ›Fackel‹: F 546-550 v. Juli 1920.

4.II. ... Abonnentin: Die Kündigung des Abonnements nach dem Erscheinen der ›Fackel‹ 501-507 vom Januar 1919 ist die Reaktion auf den Essay ›Nachruf‹, den Kraus dem untergegangenen k.u.k. Österreich-Ungarn hinterhergeschickt hat, in dem er mit dem Gedicht ›Nach zwanzig Jahren‹ mit Genugtuung feststellt: »Mein Wort hat Österreich-Ungarn überlebt.« (F 508-513, S. 6).

ominösen Innsbruck: Am 4. Februar 1920 ist es in Innsbruck, der »Pensionsstadt der Heerführer der k.u.k. Armee«, nach einer Vorlesung der Szene ›Wilhelm und die Generale‹ aus den ›Letzten Tagen der Menschheit‹ zu einer inszenierten Pressekampagne »im deutschen Namen« gegen Karl Kraus gekommen, nach der eine für den nächsten Tag geplante weitere Vorlesung abgesagt werden muss; allein der erwähnte Professor Alfred Kastil als Obmann der Innsbrucker »Liga für Völkerbund« widersetzt sich den von der Universität gegenüber Kraus veranlassten Verfügungen. (Vgl. dazu die antisemitischen Anwürfe und publizistischen Aktionen in Kraus/Ficker, Briefe und Dokumente S. 211-252, sowie ›Innsbruck und Anderes‹, in: F 531 bis 543, S. 1-12).

Bekanntschaft mit Gewehrkolben: Rosa Luxemburg, die Kämpferin für den Sozialismus und gegen den Krieg, ist am 15. Januar 1919 zusammen mit Karl Liebknecht in Berlin-Wilmersdorf von der dortigen Bürgerwehr aufgespürt und verhaftet worden. Am Abend werden beide in das Eden-Hotel in der Budapester Straße abgeführt, dem Stabsquartier der Garde-Kavallerie-Schützendivision unter Hauptmann Waldemar Pabst, der sich telephonisch von Reichswehrminister Gustav Noske (SPD) eine carte blanche für das Vorgehen gegen diese »Aufständischen« geben lässt. Beide Gefangenen sind vor ihrer Ermordung schwersten Misshandlungen ausgesetzt.

anplauschen: österr.: anlügen.

sel. Benedikt mit den Grabenhunden: Moriz Benedikt (1849-1920), seit 1872 Redakteur, 1880 Mitherausgeber und von 1908 bis zu seinem Tode Chefredakteur der ›Neuen Freien Presse‹, Wien: Berühmtes Angriffssubjekt von Karl Kraus. Mit der Erfindung des ein Erdbeben signalisierenden »Grubenhunds« durch die Zuschrift eines Zivilingenieurs J. Berdach (d.i. Karl Kraus) an die ›Neue Freie Presse‹ kommt am 18. November 1911 eine Tierart in die Welt, die als »jungenkriegende

Laufkatzen«, als »Betonwürmer«, aber auch in anderer Gestalt die Sensationsgier der Presse entlarvt. »Zum Unterschied von Falschmeldung, Ente und Aufsitzer verfolgt der Grubenhund im höchsten Grad pädagogische, ja geradezu moralische Zwecke« (Friedrich Torberg). Grubenhunte (oder Grubenhunde) sind eigentlich im Bergbau verwendete Güterwagen.

Lederstrumpf: Die ›Lederstrumpf-Erzählungen« (1823-1841) sind eine berühmte und populäre Romanfolge von James Fenimore Cooper.

Karl Kraus' Antwort an eine Unsentimentale, S. 23-30

Gäterin: die jäterin – nach Grimms ›Deutschem Wörterbuch‹; jäter: der jätende – nach Adelung und Stieler; gäthacke: hacke zum gäten, besonders in weinbergen.

den Adel abzulegen: Mit dem Adelsaufhebungsgesetz StGBl. Nr. 211 und der Vollzugsanweisung vom 18. April 1919, StGBl. Nr. 237 wird in der Republik Österreich »der Adel, seine äußeren Ehrenvorzüge, sowie bloß zur Auszeichnung verliehene, mit einer amtlichen Stellung, dem Beruf oder einer wissenschaftlichen oder künstlerischen Befähigung nicht im Zusammenhange stehenden Titel und Würden und die damit verbundenen Ehrenvorzüge deutschösterreichischer Staatsbürger« aufgehoben. »Frau v. X-Y.« hatte sich anonym als Angehörige dieses Standes ausgewiesen.

im Dienste des Kaufmanns: Dass Kriegsdienst, Kultur, Kunst, Leben und Sterben, Religion und Schönheit merkantilisiert würden, also »im Dienste des Kaufmanns« stünden, beklagt Kraus immer wieder. In F 406-412 v. 5.10.1915, S. 151, veröffentlicht er den Aphorismus: »In Deutschland steht die Kunst ›im Dienste des Kaufmanns‹. Noch nie dürfte einem Dienstboten mit weniger Wahrheit nachgerühmt worden sein, daß er gesund entlassen wurde.«

Ermordung von Karl Liebknecht und Rosa Luxemburg: Elisabeth Hannover-Drück und Heinrich Hannover liefern in dem Band ›Der Mord an Rosa Luxemburg und Karl Liebknecht. Dokumentation eines politischen Verbrechens‹ in den Kapiteln ›Der Mord im Spiegel zeitgenössischer Presseberichte‹ sowie nachfolgenden Prozessen detaillierte Angaben, aus denen Celan die Mitteilungen übernimmt, »Der Mann ward zum Sieb« und »die Frau | mußte schwimmen, die Sau ...«. – Der für die Erschießung Rosa Luxemburgs als Hauptbeschuldigter Husar Otto Wilhelm Runge zu zwei Jahren Gefängnis Verurteilte, bestochen mit RM 100 000 und weiteren finanziellen Zusagen, deckt den zur Marine-Offiziers-Eskadron beim Ulanenregiment 5 gehörenden Hermann Wilhelm Souchon, der im Auto den tödlichen Schuss auf die durch Schläge mit Gewehrkolben schwer verletzte Rosa Luxemburg abgegeben hat. Souchon kann 1920 nach Finnland entkommen. Seine Tat wird erst 1959 nachgewiesen. – Eine Karte für die Lage des Eden-Hotels in der Budapester Straße gegenüber dem Zoo und wenige Schritte von der Gedächtniskirche zeigt auch die Wegstrecken der Fahrzeuge, die Liebknecht zum Großen Weg am Neuen See und Luxemburg zum Landwehrkanal transportieren (Hannover-Drück/Hannover, S. 38). Dort wird die Tote »kurz vor der Lichtensteinbrücke ... in einem mit Gebüsch bewachsenen Rasenstück« niedergelegt und in den Kanal geworfen (a.a.O., S. 118).

Wintergedicht Du liegst‹: Der Erstdruck des Gedichts in einer endgültigen Fassung steht in dem Band ›Hommage für Peter Huchel. Zum 3. April 1968‹, d.i. der 65. Geburtstag des Dichters, des am 27. Juli 1962 zum Rücktritt gezwungenen Herausgebers der Zeitschrift ›Sinn und Form‹. Er lebt mit Reise- und Publikationsverbot bis zum 27. April 1971 in Wilhelmshorst südlich von Potsdam (Hommage, S. 16).

»J'ai décidé d'écrire«: Den unter dem Titel ›Eden‹ geplanten Aufsatz hat Szondi nicht mehr fertiggestellt. Er wird ›1972, übersetzt von Mayotte und Jean Bollack, in der Zeitschrift ›L'Ephémère‹ (hiver/printemps 1972/73, Nr. 19/20, S. 416-423) erstmals gedruckt; dann in: ›Celan-Studien‹, II, S. 390-398.

von Berlin-Tegel aus: Zwischen dem 10. und 16. Februar wird in Frankfurt am Main der 70. Geburtstag von Bertolt Brecht gefeiert, zunächst im Schauspielhaus, dann im obersten Stock des Suhrkamp-Theaterverlags. Es sei ein heiteres Fest gewesen, berichtet Reichert, an dem auch Paul Celan teilgenommen habe. Zum Abschluss dieses Aufenthalts und als Dank für das Gedicht ›Du liegst‹ schenkt Klaus Reichert ihm die am 29. Oktober 1964 im Goethe-Haus Frankfurt erworbene Ausgabe von Luxemburgs ›Briefen aus dem Gefängnis‹ (Berlin: Verl. der Jugendinternationale, 1932, 57.-64. Tsd.), über die Celan gesagt habe, er kenne die Ausgabe, besitze sie aber nicht. Dieses Heft, das auch Karl Kraus an Weihnachten 1921 auf das Schloss Janowitz gesandt hatte, enthält den Erstdruck des »Büffelbriefs«. Reichert widmet diesen Band Paul Celan, wobei er sich in einer Anmerkung fragt, was er »mit dem ›Dank L.L.‹ gemeint haben könnte. Wahrscheinlich Luxemburg und Liebknecht.«:

»Für Paul Celan | zum 70. Geburtstag Brechts | mit herzlichstem Dank für L.L. | Klaus Reichert.« (Deutsches Literaturarchiv Marbach. Signatur: BPC: L218. Bestand: G: Celan, Paul).

Literatur

Benjamin, Briefe II: Walter Benjamin, Gesammelte Briefe, Bd II. 1919-1924. Hrsg. von Christoph Gödde und Henri Lonitz. Frankfurt/Main: Suhrkamp 1996

Benjamin, Kraus liest: Karl Kraus liest Offenbach, in: Walter Benjamin, Werke und Nachlaß. Kritische Gesamtausgabe, Bd 14.1. Texte über Städte, Berichte, Feuilletons. Hrsg. von Bernhard Veitenheimer in Zusammenarbeit mit Klaus Reichert. Frankfurt/Main: Suhrkamp 2021

Benjamin, Karl Kraus, in: Frankfurter Zeitung und Handelsblatt, 10.3. 1931; 14.3.1931; 17.3.1931, 18.3.1931; jetzt, in: Walter Benjamin, Gesammelte Schriften. Bd II.1. Aufsätze, Essays, Vorträge. Hrsg. von Rolf Tiedemann und Hermann Schweppenhäuser. Frankfurt/Main: Suhrkamp 1977

F: Die Fackel. Hrsg. Karl Kraus. Hrsg. des photomechanischen Nachdrucks: Heinrich Fischer. Bd 1-39. 1899-1936. München: Kösel 1968-1976 = Nachdruck: Frankfurt: Zweitausendeins 1978. – Elektronisch: Volltextausgabe und komplette Reproduktion der Originalseiten aller 922 Ausgaben (1899-1936). DVD. O.O.: Zweitausendeins 2007

Hirsch: Helmut Hirsch, Rosa Luxemburg mit Selbstzeugnissen und Bilddokumenten. Reinbek: Rowohlt Taschenbuch Verlag 1969 (rowohlts monographien. 50158)

Hommage: Hommage für Peter Huchel. Zum 3. April 1968. Hrsg. von Otto G. Best. München: R. Piper & Co. 1968

Kraus, Akt-Ausgabe: ›Die letzten Tage der Menschheit. Tragödie in fünf Akten mit Vorspiel und Epilog‹ erscheint zunächst in vier Sonderheften der ›Fackel‹, die nicht zum Abonnement gerechnet werden; sie müssen einzeln bezogen werden. Im Mai 1922 erscheint eine erste, überarbeitete Buchausgabe, im Dezember 1922 eine zweite. Die dritte Buchausgabe, das 17.-23. Tausend, die Akt-Ausgabe mitgezählt, kommt im Oktober 1925 heraus. Sie wird nach Abschluss der Reprint-Ausgabe des Kösel-Verlags als 40. Band nachgedruckt.

Kraus liest Eigenes …: Karl Kraus liest Eigenes und Angeeignetes. 3 CDs mit historischen Aufnahmen. Beiheft 2 zum ›Marbacher Katalog‹ 52: Karl Kraus. Hrsg. von Friedrich Pfäfflin und Eva Dambacher in Zusammenarbeit mit Volker Kahmen. Marbach: Deutsche Schillergesellschaft 1999

Kraus/Ficker, Briefe und Dokumente: »Erinnerung an den einen Tag in Mühlau«. Karl Kraus und Ludwig von Ficker. Briefe, Dokumente 1910-1936. Im Auftrag des Forschungsinstituts Brenner-Archiv der Universität. Hrsg. von Markus Ender, Ingrid Fürhapter und Friedrich Pfäfflin. Göttingen: Wallstein 2017 (Bibliothek Janowitz)

Kraus/Nádherný, Briefe I und II: Karl Kraus, Briefe an Sidonie Nádherný von Borutin. 1913-1936. Auf der Grundlage der Ausgabe von Heinrich Fischer und Michael Lazarus neu hrsg. von Friedrich Pfäfflin. Bd I. Text. Bd II. Dokumente und Anmerkungen von Friedrich Pfäfflin. Göttingen: Wallstein 2005 (Bibliothek Janowitz)

Kraus, Vorlesungen: Christian Wagenknecht, Die Vorlesungen von Karl Kraus. Ein chronologisches Verzeichnis. In: Kraus-Hefte 35/36 v. Oktober 1985

Krolop: Kurt Krolop, Karl Kraus heute oder: Von der Kenntlichkeit dessen, was bleibt. In: Kurt Krolop, Reflexionen der Fackel. Neue Studien über Karl Kraus. Wien: Verlag der Österreichischen Akademie der Wissenschaften 1994

Luxemburg, Briefe: Rosa Luxemburg, Briefe aus dem Gefängnis. Mit einem Bild und einem Faksimile. Hrsg. vom Exekutivkomitee der Kommunistischen Jugendinternationale. Berlin: Verlag Junge Garde [1920] (Internationale Jugendbibliothek, No. 10)

Luxemburg, Briefe I und V: Rosa Luxemburg, Gesammelte Briefe, Hrsg. Annelies Laschitza, Günter Radczun. Bd 1. Berlin: Dietz ³1989. – Bd 5. Berlin: Dietz ²1987 (Institut für Marxismus-Leninismus beim ZK der SED)

Reichert: Klaus Reichert, Paul Celan. Erinnerungen und Briefe. Frankfurt/Main: Suhrkamp 2020

Szondi: Peter Szondi, Briefe. Hrsg. von Christoph König und Thomas Sparr. Frankfurt/Main: Suhrkamp 1993

Timms: Edward Timms, »Rächer der Natur«: Zur Ästhetik der Satire bei Karl Kraus und Rosa Luxemburg. In: Karl Kraus. Ästhetik und Kritik. Kraus-Symposium Poznań. Hrsg. von Stefan Kaszyński und Sigurd Paul Scheichl. München: edition text + kritik 1989 (Sonderband der Kraus-Hefte)

Wiedemann: Kommentar zu Paul Celan, Die Gedichte. Kommentierte Gesamtausgabe in einem Band. Hrsg. und kommentiert von Barbara Wiedemann. Frankfurt/Main: Suhrkamp 2003

Abbildungsnachweise

Rosa Luxemburg. Um 1914. Aufnahme: Ed. Frankl.. Ausschnitt (© ullstein bild)

Umschlag der ›Fackel‹ Nr. 554-558 v. November 1920, mit der ›Antwort an Rosa Luxemburg von einer Unsentimentalen‹ von Ida von Lill-Rastern von Lilienbach, der Antwort von Karl Kraus, »Was ich meine ...« und dem Text der ›Volkshymne‹, die von Walter Benjamin gegenüber Gershom Scholem gerühmten »Nationalhymne für Österreich«, die ›Volkshymne‹, »Gott erhalte, Gott beschütze | vor dem Kaiser unser Land! ...«, die nach der bekannten Melodie von Joseph Haydn zu singen war (a.a.O., S. 59f).

Karl Kraus, Mai 1921. Studioaufnahme von Charlotte Joël vom Atelier Joël-Heinzelmann, Berlin-Charlottenburg. (Forschungsinstitut Brenner-Archiv. Universität Innsbruck. Sammlung Friedrich Pfäfflin)

Aus dem Werbeprospekt der »Neuen Truppe«, Berlin, mit bereits erschienenen Sprechplatten und der Ankündigung der Produktion des »Büffelbriefs« (WBR I.N. 140 056).

Erstausgabe der ›Briefe aus dem Gefängnis‹ von Rosa Luxemburg (Privatbesitz). Die Edition hat zahlreiche Nachdrucke erlebt, bis heute.

Bibliografische Information der Deutschen Nationalbibliothek

Die Deutsche Nationalbibliothek verzeichnet diese Publikation in der
Deutschen Nationalbibliografie; detaillierte bibliografische Daten
sind im Internet über http://dnb.d-nb.de abrufbar.

© Wallstein Verlag, Göttingen 2022
3., durchgesehene und ergänzte Auflage 2022
Die beiden ersten Auflagen erschienen 2009
in der Friedenauer Presse Katja Wagenbachs, Berlin
www.wallstein-verlag.de
Vom Verlag gesetzt aus der Aldus Roman
Umschlaggestaltung: Marion Wiebel, Göttingen
Druck und Verarbeitung: Hubert & Co, Göttingen

ISBN 978-3-8353-5211-7